给孩子们的铁路知识绘本

火车司机的一天

姚佳希 著

中国铁道出版社有限公司
CHINA RAILWAY PUBLISHING HOUSE CO., LTD.
北 京

图书在版编目(CIP)数据

火车司机的一天 : 给孩子们的铁路知识绘本 / 姚佳希著. -- 北京 : 中国铁道出版社有限公司, 2025. 6.
ISBN 978-7-113-32195-6
Ⅰ. U23-49
中国国家版本馆 CIP 数据核字第 20253ET074 号

书　　名：火车司机的一天：给孩子们的铁路知识绘本
作　　者：姚佳希

责任编辑：许士杰　韩振飞　　**编辑部电话**：(010) 51873204　　**电子邮箱**：syxu99@163.com
封面设计：崔丽芳
责任校对：王　杰
责任印制：赵星辰

出版发行：中国铁道出版社有限公司（100054，北京市西城区右安门西街8号）
网　　址：https://www.tdpress.com
印　　刷：北京盛通印刷股份有限公司
版　　次：2025年6月第1版　2025年6月第1次印刷
开　　本：889 mm×1 194 mm　1/16　**印张**：4　**字数**：158千
书　　号：ISBN 978-7-113-32195-6
定　　价：49.80元

前 言

亲爱的读者们，许久未联系，甚是想念！阿希满怀欣喜地携全新力作《火车司机的一天》回归，期盼能为大家开启一段满载知识与趣味的阅读旅程，衷心希望大家能够喜爱。

回顾我的首部作品《火车司机成长记》，它深度聚焦火车司机的职业成长轨迹，详尽展现了新职人员历经重重考验，逐步蜕变成为一名合格火车司机的艰辛历程。而今天要给大家介绍的这本《火车司机的一天》，则有着独特的侧重点。本书围绕火车司机的日常工作流程展开，采用图文并茂的呈现方式，以故事串联的手法，细致入微地描绘了火车司机平凡而又意义非凡的一天。

书中不仅深入讲解了“火车准备阶段的各项工作流程”，包括开车前的机车检查、各项设备参数的调试核对等，还生动讲述了“火车运行过程中可能出现的各类状况”，如应对突发天气变化、经施工限速地段等。在书的后半部分，别具一格的小课堂更是一大亮点。课堂上解读“火车司机证准驾机型”，让大家了解不同类型火车驾驶资格的差异；还开展了机车与动物们的“大比拼”，从动力、速度、耐力等多个维度，以一种趣味盎然的方式，让大家对机车的性能有更深刻的认识。这些内容兼具专业性与趣味性，易于理解。

感谢大家一直以来给予的理解与支持，很幸运能在创作路上与你们一路同行。成书过程难免存在不足，若您发现任何问题，还望不吝指教，期待与您共同探索铁路行业的更多精彩。

目　录

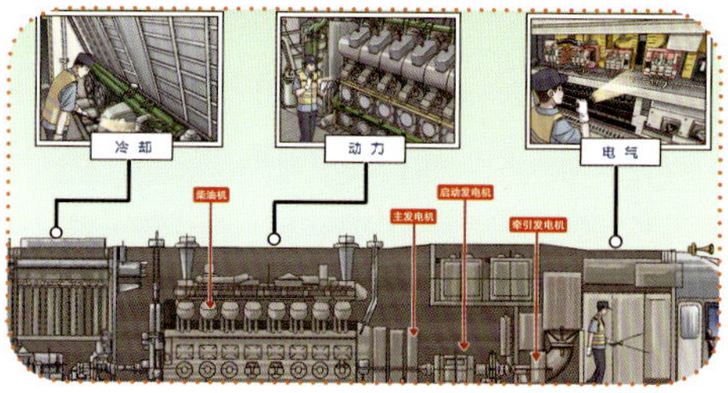

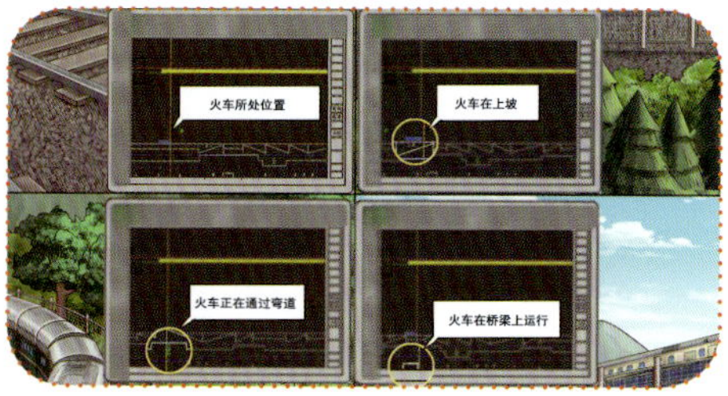

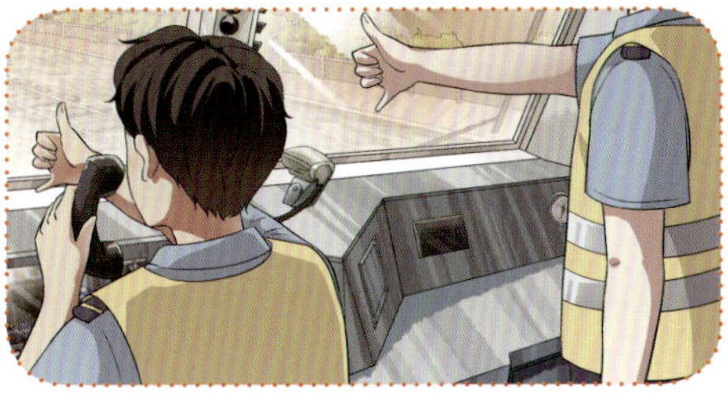

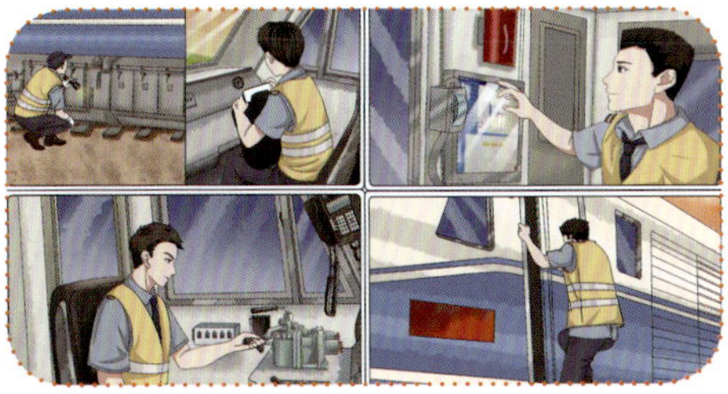

派班室

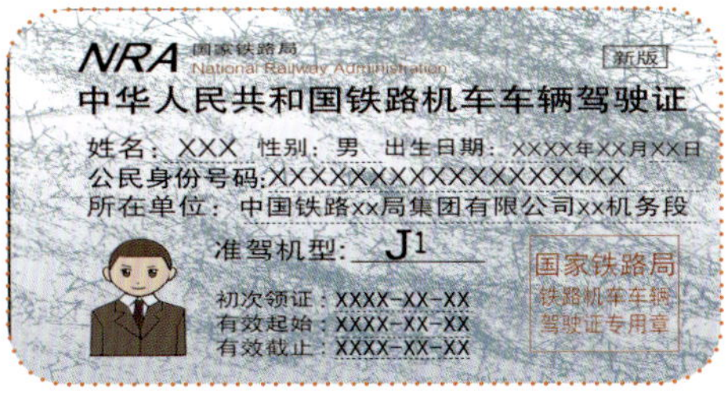
NRA 国家铁路局
新版
中华人民共和国铁路机车车辆驾驶证
姓名：XXX 性别：男 出生日期：XXXX年XX月XX日
公民身份号码:XXXXXXXXXXXXXXXXXX
所在单位：中国铁路xx局集团有限公司xx机务段
准驾机型：J1
初次领证：XXXX-XX-XX
有效起始：XXXX-XX-XX
有效截止：XXXX-XX-XX
国家铁路局
铁路机车车辆
驾驶证专用章

21250mm

待乘——开车前的休息和准备

“Z998 次列车现在开始叫班，阿昊、笑笑准备出乘。”凌晨四点，睡梦中的两名司机被叫班系统叫醒。

今天对于阿昊和笑笑来说是普通的一天，作为火车司机，开火车再普通不过了，但不平凡的是，他们必须确保火车安全运行，肩负保证数百名乘客的生命财产安全的责任。

好了，让我们跟随阿昊和笑笑的视角，走进火车司机的一天吧！

来看看他们包里都有什么吧！铁路规章、机车故障处理办法、司机手册、火车司机驾驶证、手电筒、防护服、信号旗、运统 1（手持终端设备）等都是必不可少的工作用品。

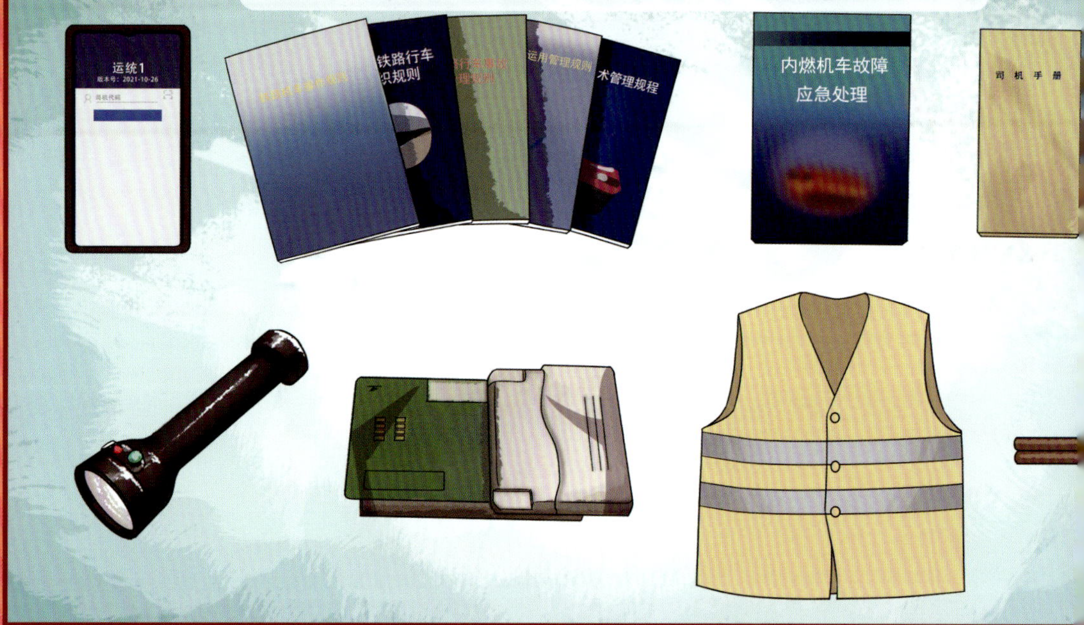

执乘6点前开车的车次时，火车司机需要提前进入公寓休息，为了确保休息良好还需要上交手机。
手机存放处
派班室
中华人民共和国
铁路机车车辆驾驶证

天刚蒙蒙亮，派班室就聚集了许多火车司机，他们有些是出勤的，有些是退勤的。
北国机务段
2023-7-15
星期六
04:20:00
彻底瞭望 确认信号 手比眼看 准确呼唤
派班室各岗位职责
城市 时段 天气 气温
最高 最低 平均
北国 明日 晴 明夜 多云 35 28 31.5
北岔 明日 阴 明夜 多云 32 26 29
安北 明日 雨 明夜 多云 32 25 28.5
运行揭示
交付日期：2023年7月15日 04时20分
有效时间：2023年7月15日 24时00分
北国-南国（上行）
（交付车次：Z998）
1、▲调度命令60544号：7月01日00时00分至7月31日24时00分，北国线北国西西场213号道岔（不含）至227号道岔（不含）间上行线840km630m至840km730m处因冻害慢行，限速80km/h。
2、▲调度命令60546号：7月01日00时00分至7月31日24时00分，北佳线北国站至大西桥北佳场间上行线15km950m至16km050m处因冻害慢行，限速80km/h。
调度员：（签章）
司机（副司机）：（签章）
旅客列车时刻表
车次 始发站 终点站 始发时间 出勤时间
Z998次 北国 南国 06:00 04:30

报到——帅气的火车司机登场

阿昊和笑笑从待乘室来到了派班室出勤，他们接受了影像识别并通过了酒精测试。机车调度员阿明交付给他们运行揭示和写好数据的 IC 卡。

调度命令： 为了落实列车运行图及编组计划，保证运输秩序，及时处理所辖区段内的突发情况，列车调度员传达的书面命令，称之为调度命令（如涉及限速、行车方式变化和设备变化的命令）。

04:30:00
彻底瞭望 确认信号 手比眼看 准确
派班室各岗位职责
明示图的接收、核对、解读、传递、向集团公司
揭示室反馈回执单；按区段公布运行揭示，出示
打印揭示原簿揭示签、写入备用IC卡数据，填写
生产调度指挥(管控)中心反馈。
城市 时段 天气
最高
北国 明日 晴 35
明夜 多云
北岔 明日 阴 32
明夜 多云
阿昊和笑笑领取了IC卡、运行揭示和一些行车备品后，在模拟机前核对运行提示，确认与火车运行相关的限制条件、线路状况等信息。

核对揭示

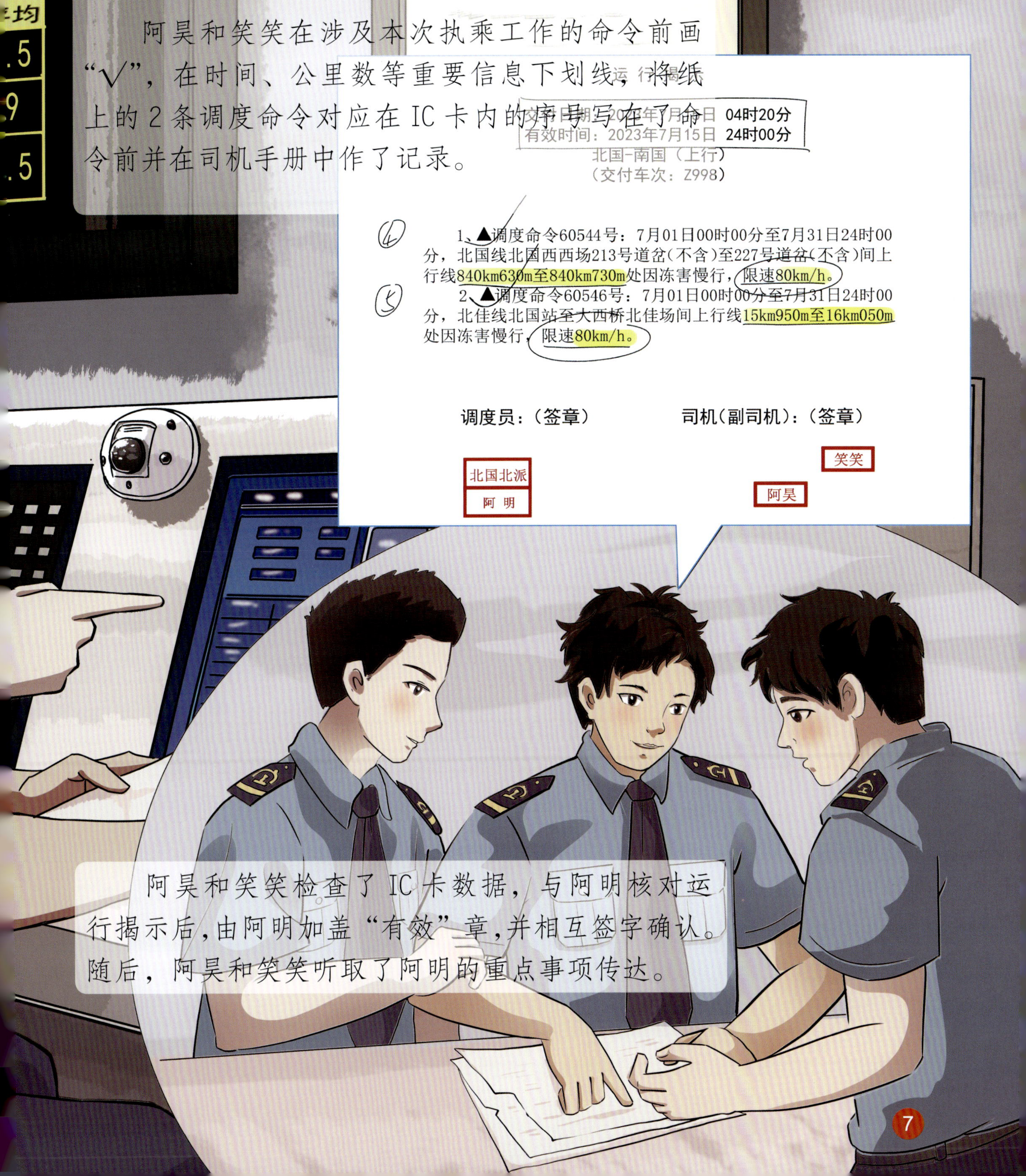

阿昊和笑笑在涉及本次执乘工作的命令前画"√"，在时间、公里数等重要信息下划线，将纸上的2条调度命令对应在IC卡内的序号写在了命令前并在司机手册中作了记录。
运行揭示
04时20分
有效时间：2023年7月15日 24时00分
北国-南国（上行）
（交付车次：Z998）
⑥
1、▲调度命令60544号：7月01日00时00分至7月31日24时00分，北国线北国西西场213号道岔（不含）至227号道岔（不含）间上行线840km630m至840km730m处因冻害慢行，限速80km/h。
⑤
2、▲调度命令60546号：7月01日00时00分至7月31日24时00分，北佳线北国站至大西桥北佳场间上行线15km950m至16km050m处因冻害慢行，限速80km/h。
调度员：（签章）
司机（副司机）：（签章）
北国北派
阿明
笑笑
阿昊
阿昊和笑笑检查了IC卡数据，与阿明核对运行揭示后，由阿明加盖"有效"章，并相互签字确认。随后，阿昊和笑笑听取了阿明的重点事项传达。

整备场接车

阿吴与笑笑在派班室出完勤后，要去整备场接车，这次他们使用的机车是“少年文明号”机车（东风 11 型内燃机车）。横越线路时，他们停下来执行“一站、二看、三通过”的制度，确保自己的人身安全。

阿昊和笑笑分工作业，在了解了机车状态、领取工具、打水后便上车作业。上车时禁止双手持物，一名司机先上车，再由另一名司机传递物品。

车上作业

两名火车司机登上了火车头（机车）之后，能马上开走吗？答案是“当然不能”。
车载设备检测合格证（正页）
车载安全监测设备
上车之后，阿昊和笑笑还要做很多工作，如确认 LKJ 版本号、LKJ 转入“出入库”模式、输入 IC 卡数据并核对等。

格证
检查车载设备等行车安全装备合格证也是了解机车状态的重要工作。
视频 U 盘的插入：本次工作的录像画面都将录在这里面。
IC 卡的输入：火车司机的 IC 卡至关重要，是工作中不可缺少的技术设备。IC 卡内存储着运行揭示，包括临时限速等信息，还用于转储运行过程中记录的数据，这些数据对于分析列车运行状况非常重要。

火车头的全身检查

辅助室：内设灭火器和预热锅炉等，对火车头运转起到辅助作用。

冷却室：主要部件是散热单节，由于机械的运转会使火车头内水温、油温升高，冷却室主要起到降温作用。

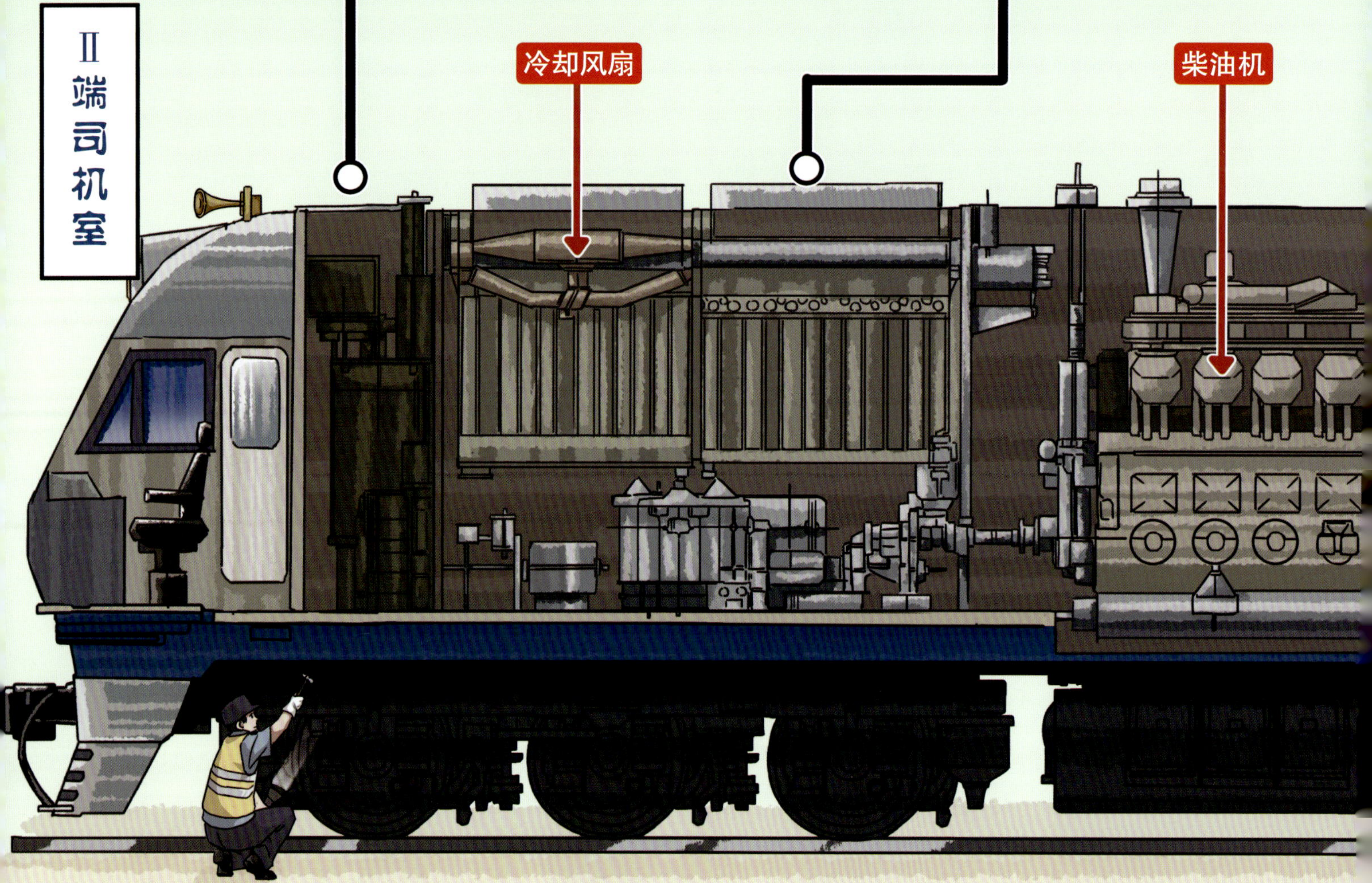

动力室（机车启动原理）：按压司机室启动按钮—电气室QC接触器动作—启动发电机工作—带动曲轴—柴油机发动—带动主发电机发电—提供给牵引电动机—带动齿轮—火车头运转起来了。

电气室：电气室有许多电气部件，中间继电器和接触器是这些部件的重要组成部分，控制着后面机械的运转。

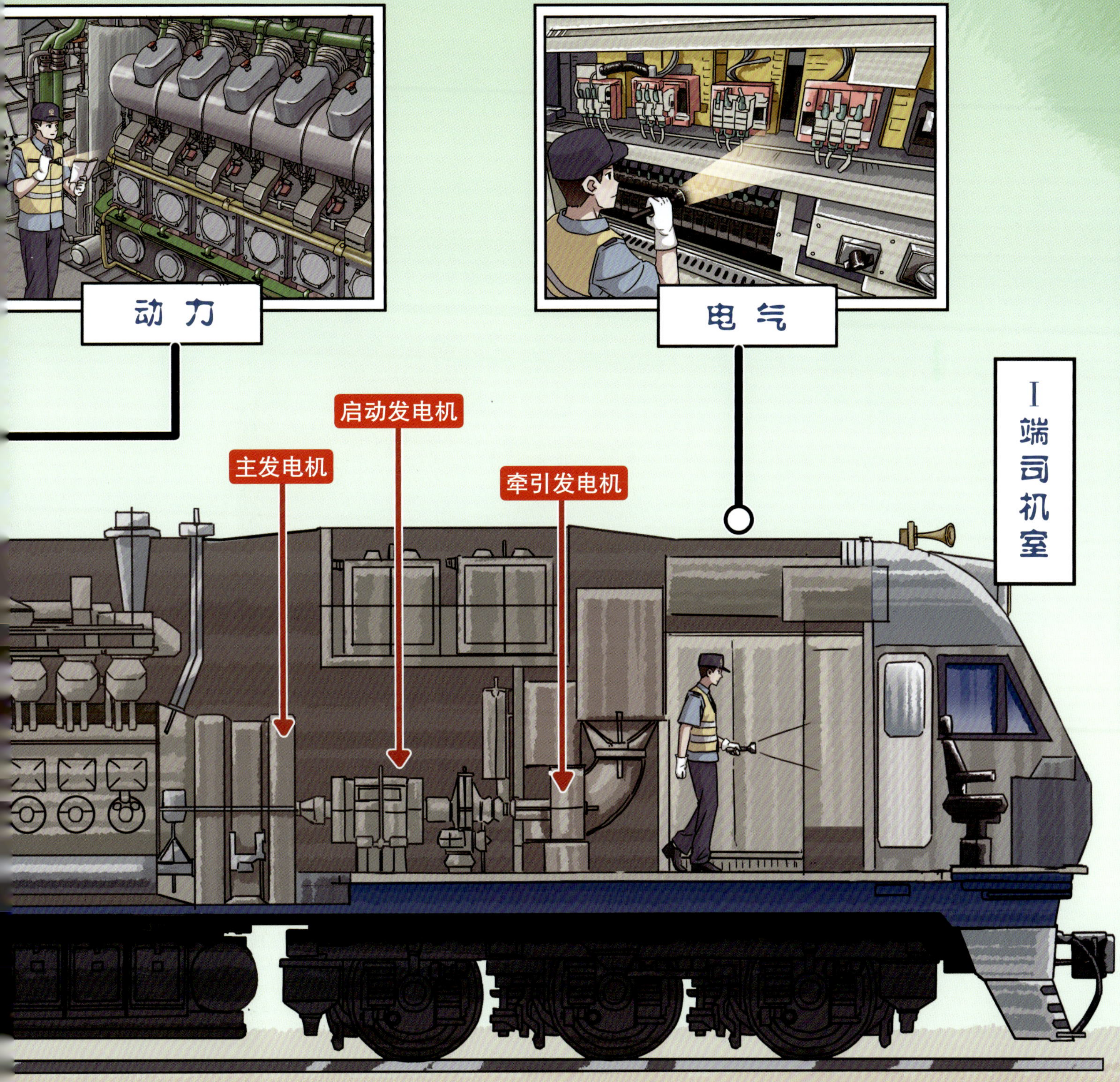

让我们检查一下“刹车”吧

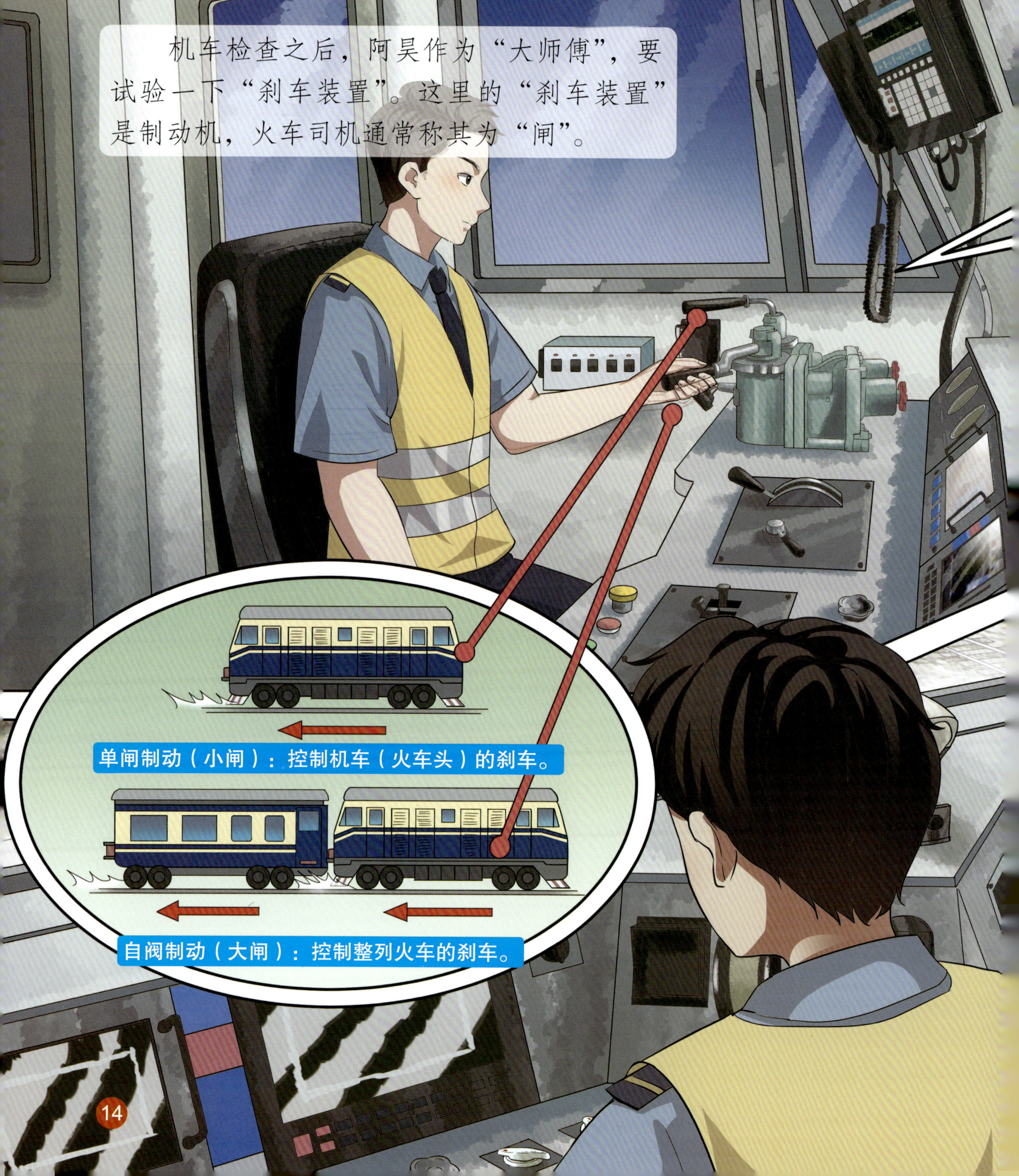
机车检查之后，阿昊作为“大师傅”，要试验一下“刹车装置”。这里的“刹车装置”是制动机，火车司机通常称其为“闸”。
单闸制动（小闸）：控制机车（火车头）的刹车。
自阀制动（大闸）：控制整列火车的刹车。

闸的不同位置代表着不同的制动状态。火车在运行时，闸要放在运转位；对标停车时需要在制动区中慢慢调节确保精准停靠；紧急制动位是紧急停车时使用的。
全制动位
制动区
单独缓解位
运转位
过充位
运转位
最小减压位
制动区
最大减压位
过量减压位
手柄取出位
紧急制动位
司机报单
接点 7月15日 4 时50分 交车 日 时
北方局铁路集团有限公司 北国机务段 DF11型号 少年文明 号2023年7月15日
一、机务乘务员
二、机车出入段时分
三、机车领取燃料
职名 代号 姓名 出勤时分 接车时分 交车时分 退勤时分
出本段时分 入外段时分
打温用油量
打温时间
司机 9527 阿昊 4:30 4:50
副司机 9528 笑笑
接收量 6100L
出外段时分 入本段时分
交出量
司机
副司机
四、列车运行编组情况
车次 站名 到达时分 出发时分 牵引重量 总重 载重 客车数量 合计 其中加挂 货车辆数 合计 列车换长
2998次 北国站
司机报单：记录着许多信息，也是计算工资的依据之一。

在确认“少年文明号”没有问题之后，下面用图解的方式介绍一下火车头与车辆连挂之前的重要步骤！

第一步 确认闸瓦缓解良好后撤除防溜装置。

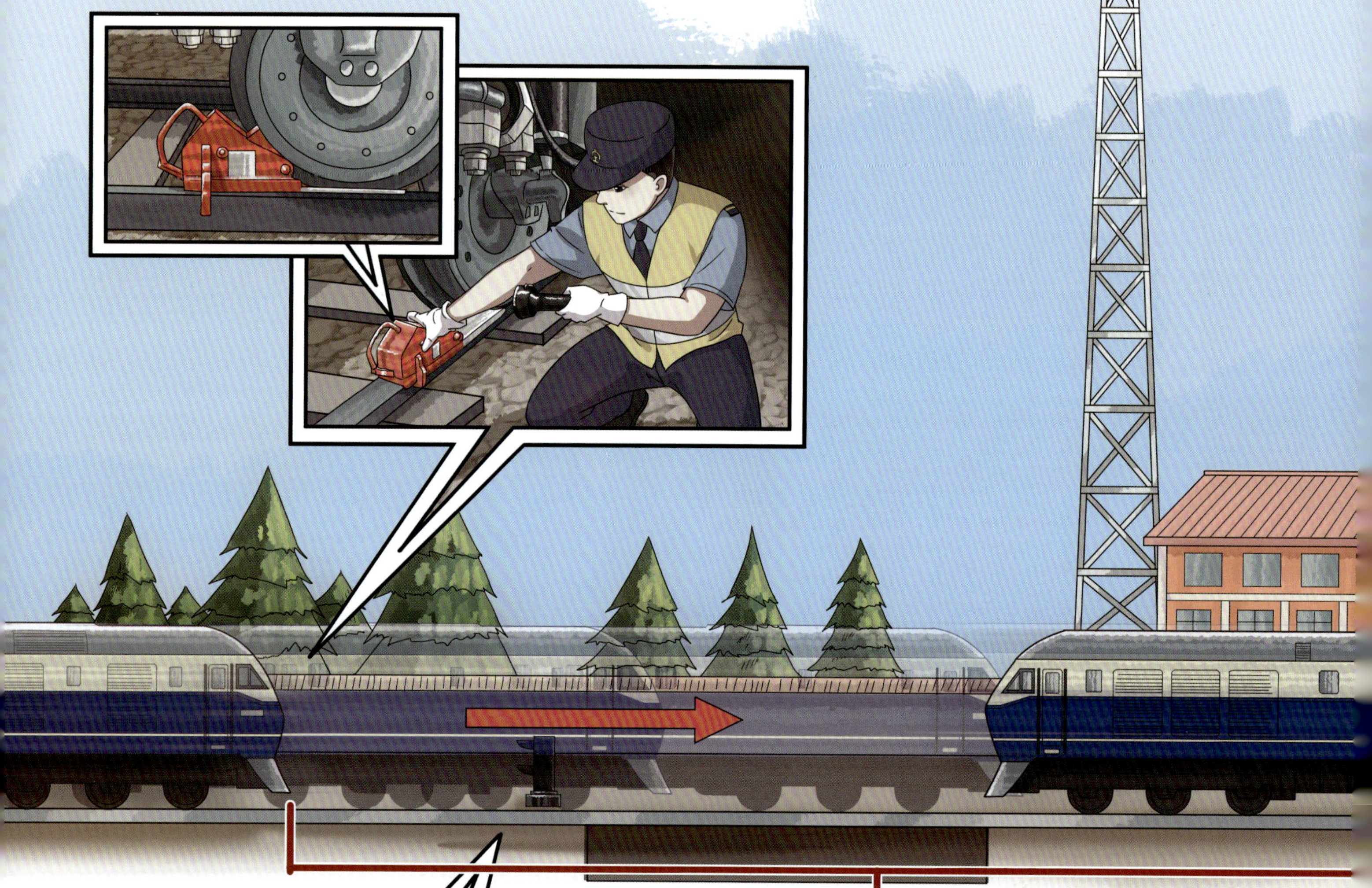

第二步 要道还道、确认调车信号、鸣笛动车、按规定速度运行。

挂车之前

调车指的是在铁路运输生产过程中，除列车在车站的到达、出发、通过以及在区间内运行外，对机车车辆进行的有目的的移动。

“调车”在这里表达的意思就是把火车头调整一下，看看怎样才能调整到车辆前，让它们实现连挂。

阿吴和笑笑确认脱轨器正常和停留车位置后等待工作人员撤除防护信号。防护信号撤除表示相关工作人员已处在安全位置或已做好安全措施，可以进行下一步作业。

防护信号

防护信号：指防护施工、装卸及机车车辆检修整备等作业时使用的固定信号或移动信号。

詹式车钩：是美国工程师詹内发明的车钩，当两节车厢连接时，钩舌因为相互撞击而转动，锁铁自动落下，从而将车钩锁定在一起。

挂车——车辆与机车“合体”

我猜小朋友们一定很好奇，火车头跟车辆是怎么连接的，让我们的主角火车司机为你们揭晓答案。笑笑挥舞着信号旗，阿昊操纵机车慢慢移动，只听“咣当”一声，车钩紧紧锁闭，机车与车辆实现了“合体”！阿笑在连挂后进行了试拉，确保机车与车辆连挂牢固。

指挥机车向显示人方向稍行移动的信号：绿色灯光左右摇动（夜晚）。

检查连挂状态
客列尾ID信息联络卡
段　次
年　月　日
序号
名　称
确认签字
站名
客列尾主机ID
车辆乘务员姓名
机车配属
司机姓名级联系方式
队长签认
运统 1 接收编组
历史
司机作业
基本信息
修改
车次
Z998
本务
DF11-少年文明号
司机-1
阿昊
司机-2
笑笑
学员-1
运统1
查看详情
接收
换成交接
退勤
总重
504
载重
74
客车
9
9
空车
0
0
0
计长
21.3
非运用车
0
查看详情
行车资料
应用中心
车辆乘务员会交给火车司机一个客列尾ID，输入之后，火车头部与尾部的ID进行匹配，形成“一对一”关系。

在铁路运输中，火车的头部和尾部之间通过特定的ID进行关联，火车司机可以在操纵火车时查询尾部风压，以确保火车的完整性和安全性。
输入完列尾ID后，阿昊下车与车辆乘务员共同确认车钩和风管是否连接良好。

闸瓦
按运统 1 接收的编组信息输入监控数据，按规定进行列车制动机试验，在司机手册上记录充、排风时间。
出站信号！
绿灯！
开车前，火车司机要下车确认缓解（闸瓦与车轮是分开的状态），还要进行出站联控、确认仪表和信号等。
发车手信号：展开的绿色信号旗向列车方面做圆形转动（白天）。

确认行车安全设备、发车手信号、出站信号，准备发车。

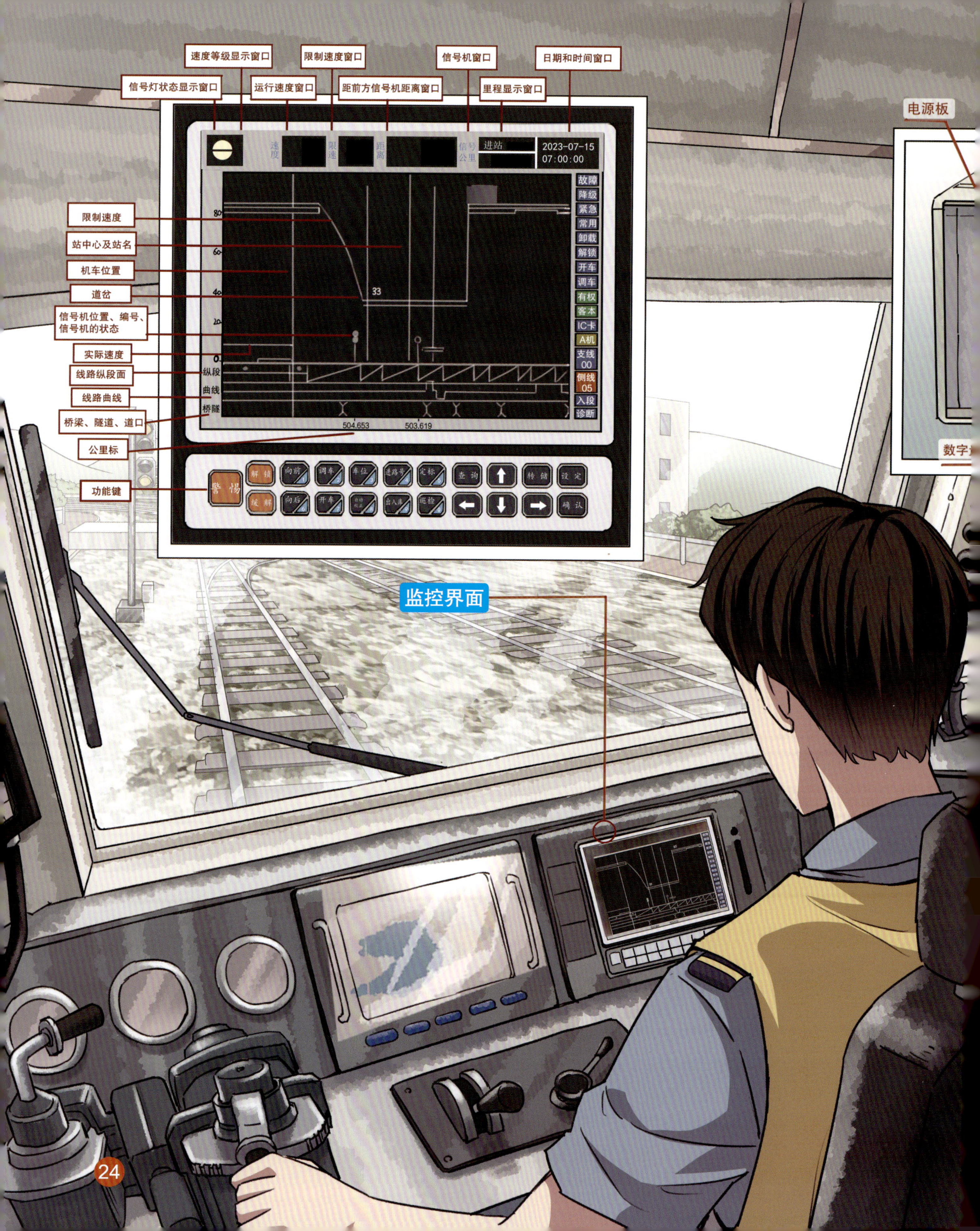
速度等级显示窗口
限制速度窗口
信号机窗口
日期和时间窗口
信号灯状态显示窗口
运行速度窗口
距前方信号机距离窗口
里程显示窗口
电源板
限制速度
站中心及站名
机车位置
道岔
信号机位置、编号、信号机的状态
实际速度
线路纵段面
线路曲线
桥梁、隧道、道口
公里标
功能键
数字
进站
2023-07-15
07:00:00
故障
降级
紧急
常用
卸载
解锁
开车
调车
有权
客本
IC卡
A机
支线
00
侧线
05
入段
诊断
纵段
曲线
桥隧
33
504.653
503.619
警惕
查询
转储
设定
确认
监控界面

LKJ黑匣子1

Z998次列车终于开动了！司机阿昊平稳操纵火车，副司机笑笑聚睛前方。

前面说了那么多次LKJ，那么这个LKJ究竟为何物？

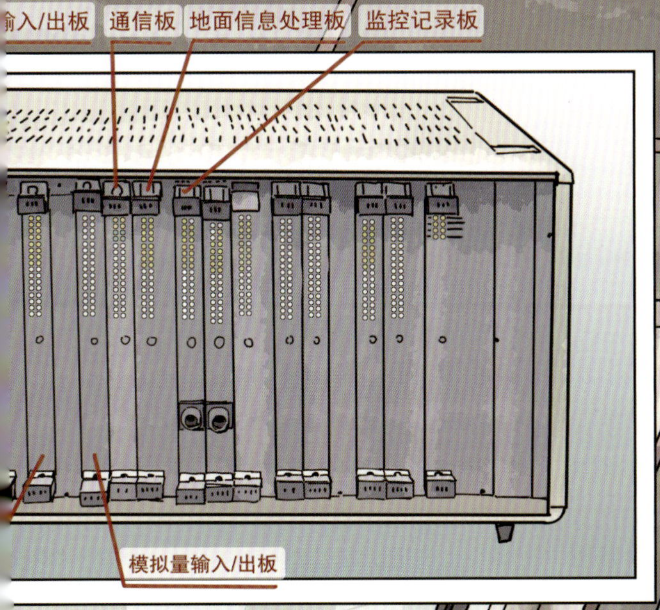

装置主机

LKJ的中文名字是列车运行监控记录装置，是保障铁路运输安全的重要设备，它通过记录和监控列车的运行状态来确保行车安全。

主要功能：就像飞机的"黑匣子"，LKJ能够准确地记录列车的运行状况，包括速度、位置等关键参数，以及信号设备的状况和火车司机的操作情况。这些数据对于分析列车运行安全、预防事故以及事故调查都至关重要。

主要符号代表的路况：
火车所处位置

火车正在通过弯道

LKJ黑匣子2

数据转储：火车司机的IC卡可以转储LKJ数据，这些数据用于后续的分析和处理，对保证列车运行安全和提高运输效率至关重要。

两列火车的相聚

奇怪的手势（注意警惕的手势）

会车是指两列火车在同一时间和地点相向而行，会车时待乘司机要起立躲避。

天气说变就变，刚才还晴空万里，转眼就下起了瓢泼大雨。
阿昊和笑笑紧盯着前方，丝毫不敢懈怠。
警惕
18
驾驶火车时，司机需要在一定时间内按压警惕按钮或进行鸣笛等操作。如果司机在设定的时间内未操作，列车会触发制动。

警惕装置——司机困了怎么办
警惕按钮（踏板）是一个重要的安全装置，用于确保司机在驾驶过程中精神集中。
左边的脚踏板控制撒砂，下雨导致轨面湿滑，撒出砂子增加摩擦力。

列车行驶了一段时间，进入了限速区段。工务段的员工负责对线路进行定期的修理和维护。
阿吴和笑笑在派班室就得知了这个信息，也就是调度员给他们的运行揭示，上面标有限速地段和限制速度。
前方注意，慢行开始！
慢行开始！

施工慢行

慢行：慢行是指列车以低于正常行驶速度的速度运行。这可能是因为前方有工程施工、天气恶劣或其他可能影响列车安全的因素。

运 行 揭 示

交付日期：2023年7月15日 04时20分
有效时间：2023年7月15日 24时00分

北国-南国（上行）
（交付车次：Z998）

1、▲调度命令60544号：7月01日00时00分至7月31日24时00分，北国线北国西西场213号道岔（不含）至227号道岔（不含）间上行线840km630m至840km730m处因冻害慢行，限速80km/h。

2、▲调度命令60546号：7月01日00时00分至7月31日24时00分，北佳线北国站至大西桥北佳场间上行线15km950m至16km050m处因冻害慢行，限速80km/h。

调度员：（签章） 司机（副司机）：（签章）

北国北派 阿明 笑笑 阿昊

通过车站

不知不觉中，Z998 次列车已经通过了好几个车站，通过车站时，只要过了站界标就进入区间了。

“红灯停”“绿灯行”是铁路的行车规则，此时出站信号机是绿灯，准许列车从车站进入区间。

仪表注意！
前方注意，总风缸压力 800 千帕，列车管压力 600 千帕，水温 55 度；油温 60 度，控制电压 110 伏……各仪表显示正常。
少年文明号

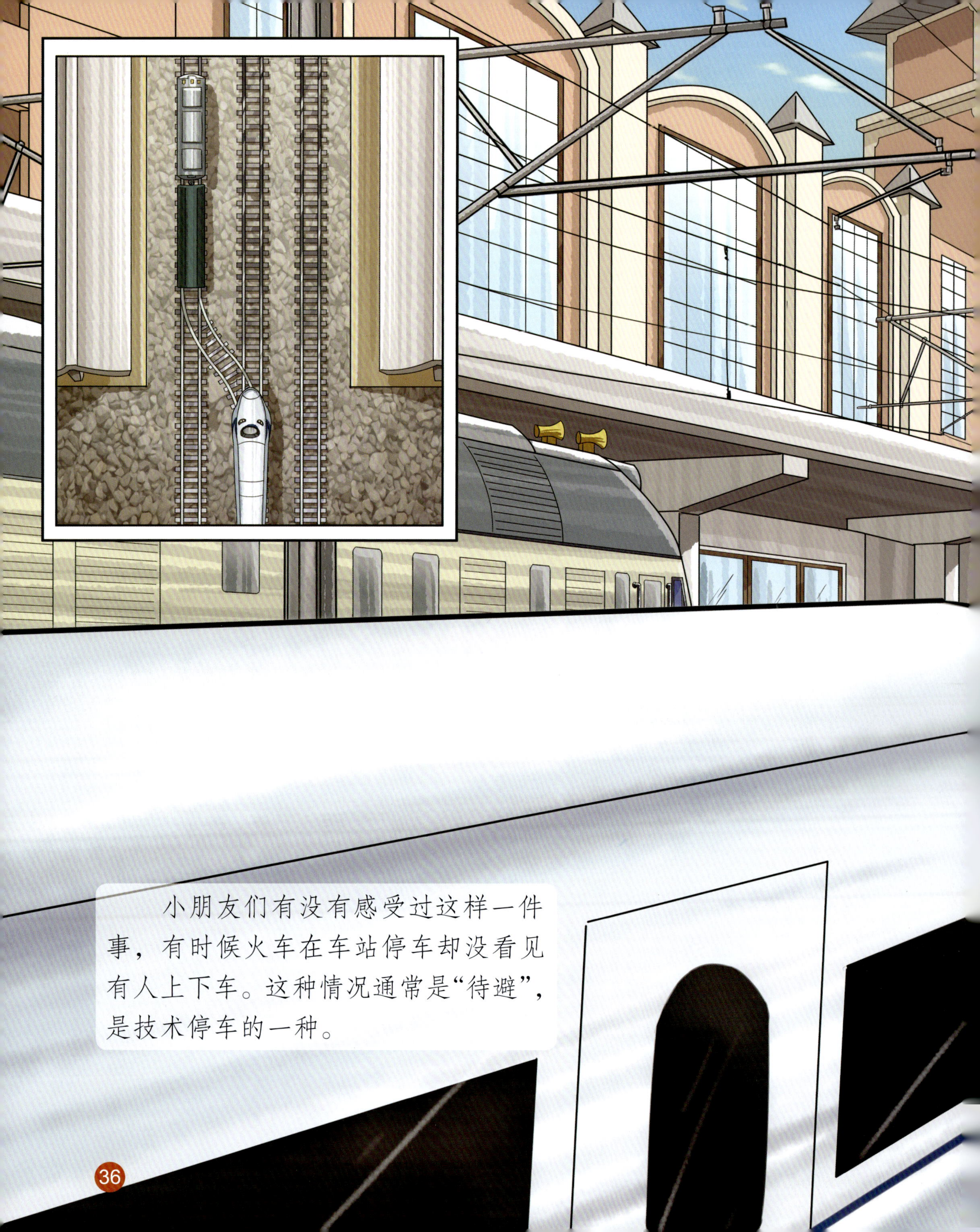

小朋友们有没有感受过这样一件事，有时候火车在车站停车却没看见有人上下车。这种情况通常是“待避”，是技术停车的一种。

待避：是铁路运输中的一个术语，主要指速度等级较低的列车避让速度等级较高的列车，或者是列车之间根据行车计划进行避让。

等级优先原则：在铁路运输中，不同类型的列车有不同的速度等级，例如普通、快速、特快列车以及动车组等。一般情况下，速度等级低的列车需要避让速度等级高的列车。

火车头长时间运行会不会“累”？为了了解机车的运行状态，司机要进行巡检。巡检是副司机笑笑负责的工作，主要是检查机车有没有问题，如果有问题要及时报告、及时处理，以免影响行车。

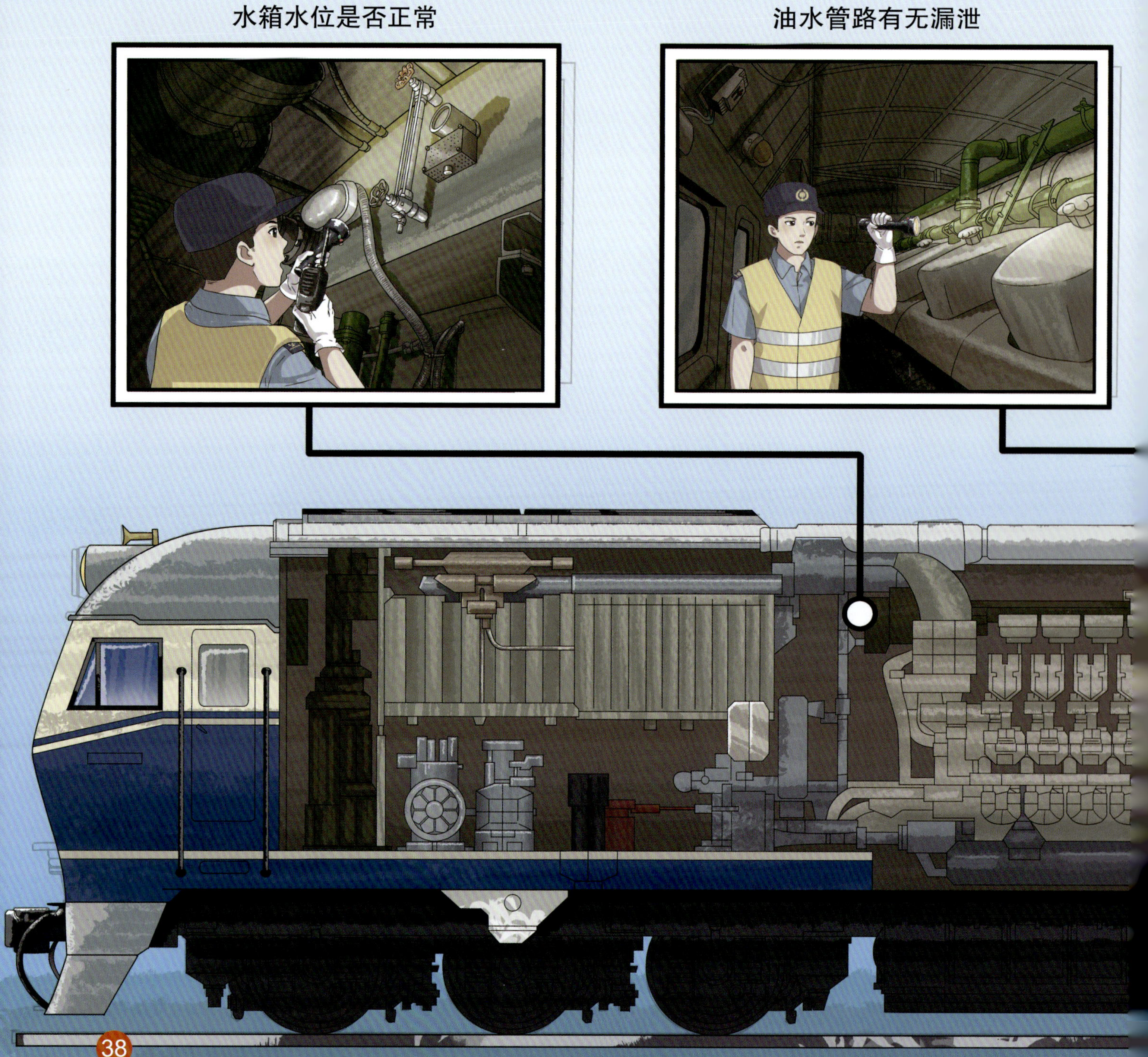

巡检——火车头全面检查

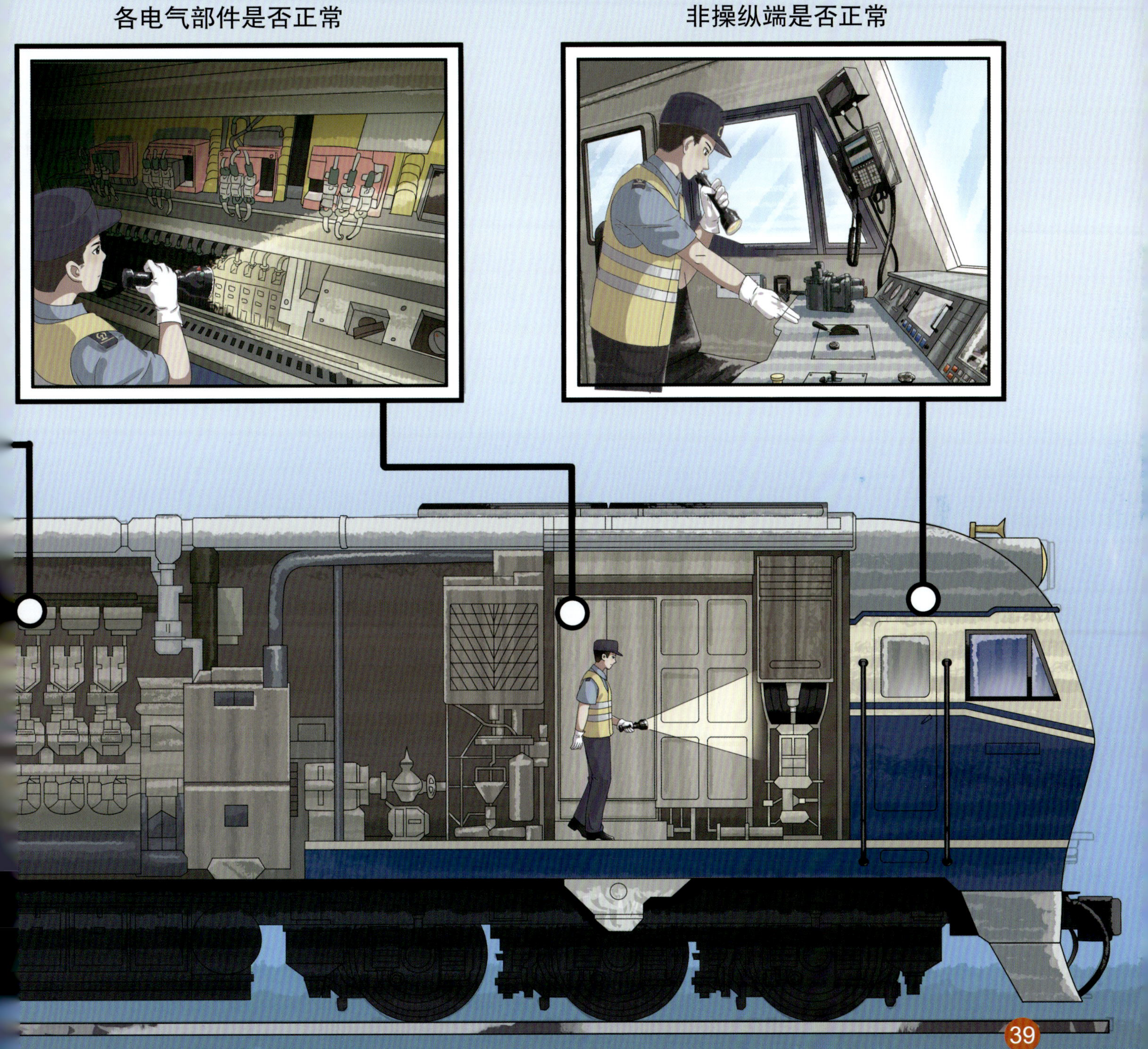

进站——加强瞭望

火车快要进站了，副司机笑笑起立加强瞭望！虽然副司机与司机的工作内容有所不同，但责任同样重大。

进站操作时，两位司机需要保持高度专注，因为任何的失误都可能导致严重的后果！

进站信号!

机车停车位置标的设置通常由多种因素决定，包括站台长度、线路长度以及相关的铁路信号位置等。

如果火车停的位置离规定的位置过远，会让部分乘客难以上下车，如果尾部停在道岔上还会影响后续的火车。

进站——对标停车

阿昊的技术高超，他慢慢移动自阀，小心翼翼地控制好排风量，让火车停在了合适的位置。
出站信号！
红灯停车！
红灯停车手势：右臂拢拳，大小臂成90度，举拳与眉齐，拳心向左下压三次。

火车司机交接

火车到交接站之后，笑笑下车检查机车状态。阿昊为笑笑防护，以免发生危险。
交接的司机上车进行检查与相关试验，做一些开车之前的准备工作。

笑笑看完用油量之后在视频终端上填写数据，视频终端相当于交接本，里面记录了一下必要的数据。

完成交接班，确认没有问题之后，阿昊与笑笑下了火车。

火车头进入大本营了

阿昊与笑笑完成交接工作后，进入南国机务段退勤。从车站到派班室还有一段路，他们经过了整备场，看见一辆内燃机车在进行整备作业。

当心坠落
高压有电
无电
机车检查保养员在进行加油作业
燃油加入口
5道登顶入口
整备人员把专用砂加入到砂箱
整备人员在进行机车检查

阿昊和笑笑完成了一天的执乘任务后，终于可以退勤了。

虽然工作很辛苦，但他们也从中获得了满足感。他们完成了自己的工作任务，确保了火车的安全运行，为社会发展和人民的生活提供重要支持。现在，阿昊与笑笑可以好好休息了，为下一趟执乘工作做好准备！

月13日
9
14
退勤
退勤测酒
退勤台
运行数据转储与分析
视频 U 盘

使命完成

火车司机们的工作很辛苦，正是由于他们的辛勤劳动，乘客们才能安全、准时地到达目的地。我们应该对这群可爱的人给予充分的尊重和理解。

阿昊与笑笑的火车司机旅行即将结束，但咱们的火车司机故事仍将继续。

火车司机吃饭时间不固定，有时匆匆吃一些速食食品便继续工作。

内燃机车
火车司机驾驶证允许
驾驶的机车类型
电力机车
NRA 国家铁路局
National Railway Administration
新版
中华人民共和国铁路机车车辆驾驶证
姓名：XXX 性别：男 出生日期：XXXX年XX月XX
公民身份号码:XXXXXXXXXXXXXXXXXX
所在单位：中国铁路xx局集团有限公司xx机务段
准驾机型：J1
初次领证：XXXX-XX-XX
有效起始：XXXX-XX-XX
有效截止：XXXX-XX-XX
国家铁路局
铁路机车车辆
驾驶证专用章
符师傅是一位经验丰富的“老司机”。符师傅小讲堂开课了！
内燃动车组
动力分散型电力动车组

接触网作业车

轨道车

：类准驾动车组和内燃、电力机车
：类准驾动车组（不含动力集中型电力动车组）和内燃机车
：类准驾动车组（不含动力集中型内燃动车组）和电力机车
：类准驾动车组（不含动力分散型电力动车组）和内燃、电力机车
：类准驾内燃机车
：类准驾电力机车
：类准驾动力分散型电力动车组
：类准驾动力集中型内燃动车组
：类准驾动力集中型电力动车组

：类准驾大型养路机械和轨道车、接触网作业车
：类准驾大型养路机械
：类准驾轨道车、接触网作业车

大型养路机械

动力集中型电力动车组

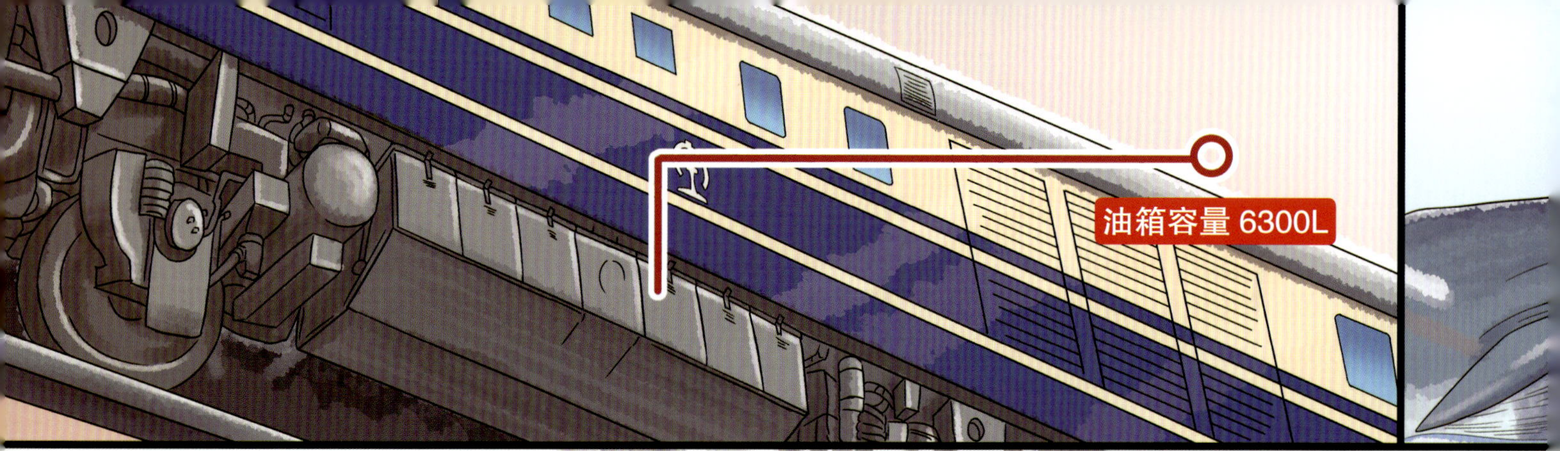

东风 11 型机车参数与各动物的对比图

湾鳄是世界上最大的爬行动物，雄性湾鳄体长最长可达 7 米。

火车头与动物们的较量

一本书中曾这样说过：“蓝鲸的力气很大，它的力量相当于一台中型火车头的拉力。”东风 11 型内燃机的牵引力为 245 千牛，假如让它们进行一次拔河比赛，谁会更胜一筹呢?

长颈鹿是世界上最高的陆生动物，雄性个体为 4.8 米到 5.5 米。

本书主人公的“座驾”是东风 11 型内燃机车，绰号叫“狮子”，如果身处在丛林中是不是也有王者的风范。世界上跑得最快的陆生动物猎豹，能够达到时速 110 公里以上，东风 11 型机车最高时速为 170 公里，要远胜于短跑冠军猎豹。

东风 11 型内燃机车的整备重量是 138 吨。目前陆地上最大的动物大象，重量按 5 吨计算，假如把它们放在天平上比较，至少要 25 头大象的重量才能赶上火车头。

分布于中国西北地区的国家一级重点保护野生动物普氏原羚体长约 1.1 米。

少年文明
北国站
04:00
04:20
04:30
04:50
梦想站
南国站
18:00
17:20
17:10
17:05

号大冒险
05:40
06:00
07:00
09:00
13:00
16:00
15:30
15:00

把握当下，展望未来。拥有梦想的人年华依旧，阿希会陪伴大家在追梦的路上前行，希望小朋友们随着年龄的增长不要忘记初心！
梦想站

后 记

当你们翻开这本书，阅读至此，阿希早已静候多时。看到大家如此耐心地读完这些文字，我满心欢喜，更由衷地期望每位读者都能从书中觅得自己渴求的知识，有所收获。

书籍承载着智慧，代代相传。希望大家能把我用心创作的这本书，分享给身边那些关爱自己以及自己所珍视、热爱的人，让知识与温暖得以延续。

在创作这本书的过程中，我得到了诸多助力。在此，我要向单位的领导和同事们致以诚挚谢意，是你们的谆谆教导与严格要求，促使我不断成长、精进；也要感恩中国铁道出版社有限公司的全体同仁，在整个创作进程中，你们给予了我全方位的支持与贴心的帮助，让这本书得以顺利出版。

最后，我想送大家一句话："须知少时凌云志，曾许人间第一流"，愿大家都能怀揣梦想，不忘初心。尽管生命如同潺潺流水，转瞬即逝，但期望我们走过的岁月都如动人的歌谣，余韵悠长。

姚佳希（阿希）

2025 年 2 月

（敬请期待）

作者简介

姚佳希，中国铁路哈尔滨局集团有限公司职工，哈尔滨师范大学研究生，曾在“挑战杯”黑龙江省大学生创业大赛获得铜奖，在《剧作家》上发表文章《浅析短视频 App 营销——以 B 站为例》，曾获得哈铁职工培训基地“优秀学员”称号。喜欢电影和自媒体，经常在 B 站上以网名“我就是阿希”发表一些日常趣事。